Le château d'Azay-le-Rideau

Marie Latour
historienne de l'art
Centre d'études supér… …rs

Baigné de la douce lumière tourangelle qui éclaire délicatement la pierre de tuffeau aux couleurs d'ocre changeantes, en toutes saisons le château d'Azay demeure un lieu magique. Depuis la ville, une longue avenue s'ouvre sur une cour en demi-lune. Le voici ! Déjà l'on devine la façade de son escalier, admirable morceau d'architecture et de sculpture de la première Renaissance. Azay est bâti en équerre sur une petite île de l'Indre. Pour en apprécier les façades sur l'eau, il faut en faire le tour. On découvre alors l'habileté de l'architecte qui, il y a quatre cents ans, éleva, pour un riche financier, un édifice où se mêlent les innovations venues d'Italie – indispensables à un château « moderne » – et l'art de bâtir à la française.

Laissé précipitamment inachevé, Azay n'est pas, comme on pourrait le croire, un pur chef-d'œuvre de la Renaissance. Seul un œil averti ne se laisse pas abuser.

Les propriétaires

Vente, dépossession ou héritage

Mariage

Charles de Boisjourdain

1510

Gilles Berthelot, président de la Chambre des comptes

vers 1490

Philippe Lesbahy

1528

Antoine Raffin (dit Poton), sénéchal d'Agenais, seigneur de Xaintrailles et de Puycalvary, capitaine des gardes de François Ier

?

Philippe de Bessay

1552

François Raffin

1553

Nicole Le Roy

vers 1556

Antoinette Raffin

1571

Guy de Saint-Gelais de Lansac, petit-fils illégitime de Francois Ier

1629

Arthus de Saint-Gelais de Lansac

1601

Françoise de Souvré

1631

Gilles de Saint-Gelais de Lansac

1627

Françoise Fouquet

1636

Marie Madeleine de Saint-Gelais de Lusignan de Lansac

1651

Marquis Henri François de Vassé

1684

Marquis Emmanuel Armand de Vassé, petit-fils d'Henri François

1701

Anne Bénigne Fare Thérèse de Béringhen, fille de Jacques Louis de Béringhen premier écuyer du roi

1710

1710

1743

Armand Mathurin de Vassé — **Louise de Courtavel de Pezé**

1766

vers 1766

Adélaïde Euphémie Geneviève de Vassé — **Alexis Jean Baptiste Le Mayre de Courtemanche**

1784

Henri Le Mayre de Courtemanche

1791

Marquis Charles de Biencourt, maréchal des camps et armées du roi, député de la noblesse aux états généraux de 1789

1770

Marie Chauvelin

1824

an VIII (1799)

Marquis Armand François de Biencourt, dit le comte de Biencourt — **Antoinette d'Apchon de Saint-Germain**

1854

Marquis Armand Marie Antoine de Biencourt

1824

Aurélie de Montmorency

1862

Charles Marie Christian de Biencourt

1859

Élisabeth Fitz-James

1899

Vicomte Henry Marie Joseph de Larocque-Latour

1903

1905

Jean Achille Romain Arteau, notaire à Tours — **État**

Un projet inachevé

1511-1537

Portrait de Louis XII, cire coloriée sur ardoise, XVIe siècle (Écouen, musée de la Renaissance).

Conseiller, notaire et secrétaire du roi Louis XII, puis président de la Chambre des comptes et trésorier de France, Gilles Berthelot est un habile financier : les taxes qu'il crée remplissent les caisses du royaume.
Sa charge de notaire et secrétaire du roi lui vient de son père Martin, maître de la Chambre des comptes sous Louis XI puis sous Charles VIII. Depuis 1483, cette charge confère la noblesse au titulaire qui la transmet à un fils. Gilles Berthelot est donc « noble ». Mais, afin d'asseoir définitivement sa position sociale, il se doit de posséder une seigneurie.

Gilles Berthelot acquiert la forteresse

Dès 1501, il commence à acheter des terres sises autour du château médiéval d'Azay. En 1510, enfin, après maintes transactions, Charles de Boisjourdain, acculé à la ruine, lui cède la vieille forteresse. En 1513, Louis XII érige le domaine en châtellenie. Berthelot, doté d'un titre, d'une terre et de la pierre, peut désormais se faire bâtir un nouveau château à la mesure de ses ambitions.

La construction

Page de droite
Le « G » de Gilles Berthelot à la voûte de l'ancien passage entre la cour et les jardins.

Il « jette parterre » une partie de la forteresse, qu'il remplace par « deux grands corps de bâtiment en pierre de taille à canonnières, mâchicoulis et tourelles sur cul-de-lampe ». Des comptes de construction datés de 1518 livrent de précieux renseignements sur la mise en œuvre, les matériaux et les techniques employés. Charpentiers, maçons, chaussonniers (chargés de préparer la chaux), tailleurs de pierre, maîtres, ouvriers, manœuvres... et même prisonniers travaillent de concert sur le chantier, parfois même jour et nuit.
On recourt au tuffeau, pierre calcaire extraite principalement des carrières proches du château, fragile, résistant mal aux intempéries, mais très facile à

Les emblèmes de François Ier et de Claude de France sur la façade de l'escalier d'honneur : la salamandre et la devise *Nutrisco et extingo* (« je m'en nourris et je l'éteins ») ; l'hermine et ces mots : *Un seul désir.*

sculpter et tellement lumineuse. Moins friable, la pierre de Bourré, tuffeau provenant de la région de Saint-Aignan dans le Cher, est utilisée pour les soubassements, comme elle le sera pour les cheminées et les piédroits des fenêtres.

Si Berthelot avait conservé une partie des fondations de la forteresse, il lui fallait, pour l'aile en retour, construire sur un terrain rendu instable par la rivière. Pour cette délicate opération, il fait appel à maître

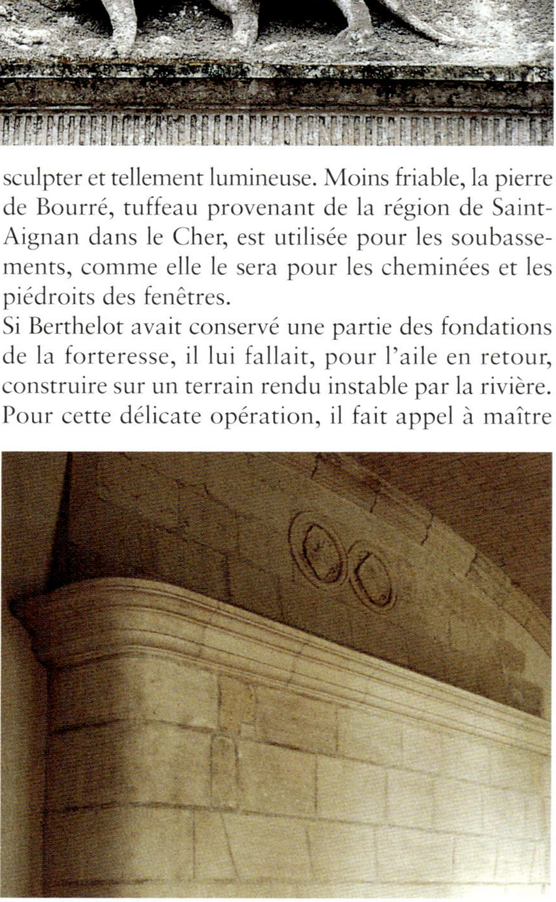

Cheminée de la cuisine, en pierre de Bourré, ornée des blasons de Gilles Berthelot et de son épouse Philippe Lesbahy.

Dominique, un Italien probablement, qui se charge d'assécher le sol avant d'y enfoncer des pieux à l'aide d'une lourde barre de fer. En quelle année les travaux ont-ils été entrepris ? En 1518, si l'on s'en tient aux rares comptes de construction subsitants. Mais pourquoi donc alors, tandis que les autres riches financiers du temps faisaient élever déjà leur propre château,

Ce chapiteau, finement travaillé, ornant la cheminée de la grande salle, et le décor sculpté de la façade de l'escalier sont de la même main.

♦ ***Dendrochronologie :*** *méthode de datation fondée sur l'étude des anneaux de croissance des troncs d'arbres.*

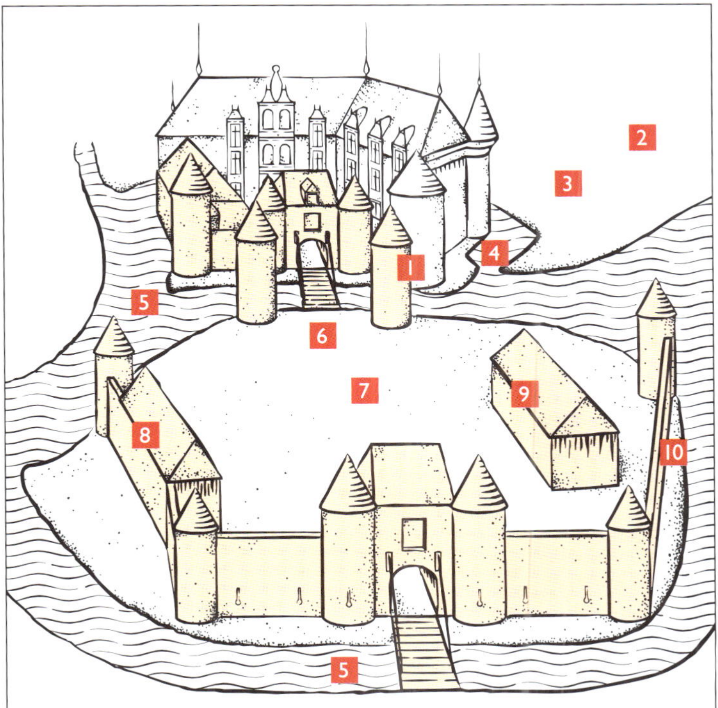

1 Grosse tour
2 Chapelle Notre-Dame-des-Ponts
3 Jardin
4 Fossé
5 Indre
6 Ancienne forteresse
7 Basse-cour
8 Grange et écuries
9 Ensemble de bâtiments : porcherie, pressoir, puits...
10 Muraille

La forteresse en 1527, avec les deux corps de bâtiment de Gilles Berthelot ; les parties colorisées ont été imaginées d'après une description de 1534 (dessin et restitution de l'auteur).

Berthelot aurait-il attendu quatre ans avant de lancer la construction d'Azay ? Une étude dendrochronologique♦ effectuée en 1992 date les poutres de la charpente des années 1518-1520. On peut donc raisonnablement penser que le chantier a commencé bien avant 1518, peut-être même dès 1514.

En tout cas, le château est suffisamment avancé en 1519 pour que deux grandes cheminées intérieures y soient installées. On sait par ailleurs que François Ier s'y arrête pour la nuit le 21 février 1518 ; desservis par

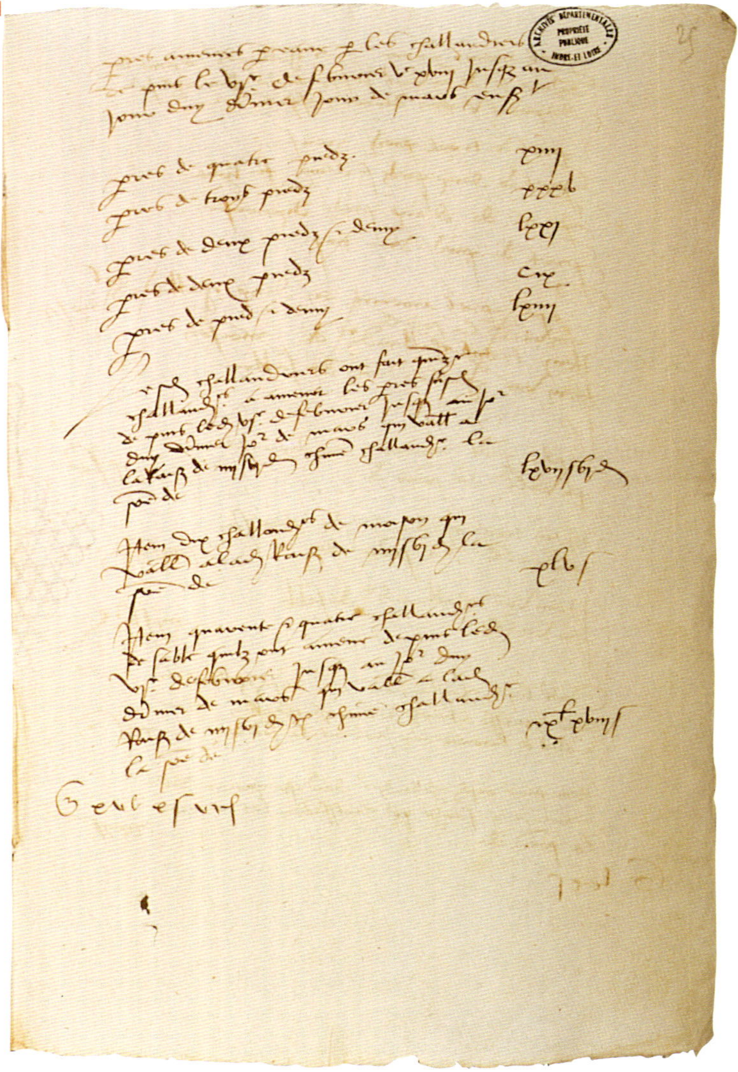

Extrait des comptes de construction de 1518-1519 dressés par Guillaume Artault, curé de Saint-Cyr, en l'absence des propriétaires d'Azay (Tours, Archives départementales d'Indre-et-Loire).

l'escalier d'honneur, les appartements qui lui sont réservés au premier étage du corps de logis principal sont assurément habitables. Les travaux se poursuivent jusqu'à l'année fatidique de 1527.

La chute de Gilles Berthelot

En 1523, intrigué par les somptueuses demeures que ses trésoriers se font bâtir, François Ier met en place une commission chargée d'examiner leur comptabilité – il faut bien alimenter les caisses de l'État… Berthelot s'en émeut. Mais le pire reste à venir. Après la défaite infligée par Charles Quint à Pavie en 1525, le roi rentre de Madrid où il a été retenu en captivité, bien décidé à remettre de l'ordre dans son

À gauche
Portrait de Charles Quint, d'après Titien, huile sur toile (Versailles, musées du château et des Trianons).

À droite
Portrait de François Ier, bois, XVIe siècle (collection du château). En 1515, François Ier lance à Blois la construction de l'aile qui portera son nom.

royaume. Il s'installe en Île-de-France avec sa cour. Pour mener à bien sa politique ambitieuse, il a besoin d'argent. En 1526, le roi apprend que plusieurs de ses financiers sont coupables de malversations ; il s'empare de la nouvelle comme d'une aubaine : ainsi pourra-t-il sans peine remplir son escarcelle et, par la même occasion, se débarrasser de la « vieille garde » des serviteurs de Louis XII. Aussitôt est mise sur pied la « Tour carrée », commission qui va décimer la grande bourgeoisie d'affaires. Les poursuites s'engagent. Jacques de Beaune Semblançay, l'un des plus riches trésoriers tourangeaux, est pendu au gibet de Montfaucon le 11 août 1527. Berthelot se sait perdu, lui dont le nom figure en tête de la longue liste des accusés. La « Tour carrée », qui juge définitivement et sans appel, prononce sa sentence en octobre 1527. Démis de ses fonctions, Berthelot est condamné à régler la somme de 54 400 livres tournois – somme modique comparée aux 300 000 livres que dut verser Jacques de Beaune et aux 190 000 exigées de Thomas Bohier, le bâtisseur de Chenonceaux. Craignant de subir le même sort que Semblançay, il s'enfuit à Metz, alors ville libre. Il meurt à Cambrai en 1529.

Le gibet de Montfaucon, détail du « Martyre de sainte Catherine d'Alexandrie », miniature des *Heures d'Étienne Chevalier,* par Jean Fouquet, vers 1460 (Chantilly, musée Condé). Utilisé du XIIIe au XVIIe siècle, ce gibet, auquel Gilles Berthelot échappa de peu, s'élevait, au nord-est de Paris, sur une éminence proche du quartier du Temple ou à l'emplacement de l'actuel parc des Buttes-Chaumont.

Les grands financiers de la première Renaissance

La fin de la guerre de Cent Ans est négociée en 1444 par Charles VII au château de Montils-lez-Tours (Plessis-lez-Tours) dont Louis XI fera sa résidence principale. Sous Charles VIII, Louis XII et François Ier, Tours devient la capitale du royaume et le Val de Loire le berceau de la Renaissance française.

Chenonceaux (Indre-et Loire), 1514-1522, d'après Jacques Androuet Du Cerceau. Bâti sur l'eau à l'imitation des palais vénitiens, ouvert de toutes parts sur le paysage, comme Azay, il est cantonné de tourelles en encorbellement.

De riches financiers tourangeaux de l'administration royale font édifier en Val de Loire plusieurs demeures « italianisantes », que l'on regarde aujourd'hui comme autant de chefs-d'œuvre de la première Renaissance.

Trésorier de France, Premier ministre de Charles VIII, de Louis XII puis de François Ier, Florimont Robertet conçoit Bury (aujourd'hui disparu). Jacques de Beaune Semblançay, « l'homme le plus riche de Tours » (général des Finances sous Louis XII, surintendant des Finances de François Ier, maire de Tours en 1498-1499, bailli gouverneur de Touraine en 1516), ajoute une aile à son hôtel particulier. Thomas Bohier (général des Finances de Normandie) bâtit le château de Chenonceaux et Gilles Berthelot (président de la Chambre des comptes) celui d'Azay-le-Rideau.

Comment ces financiers sont-ils si bien informés de l'évolution artistique?
Leurs fonctions les conduisent à fréquenter la Cour et la haute noblesse, milieu culturellement riche. Des voyages officiels les mènent en Italie où ils apprécient la civilisation de la Renaissance. Depuis le XIVe siècle, l'Italie redécouvre l'Antiquité. Ses palais,

Vue cavalière du château de Bury (Loir-et-Cher), 1511-1515, d'après Jacques Androuet Du Cerceau.

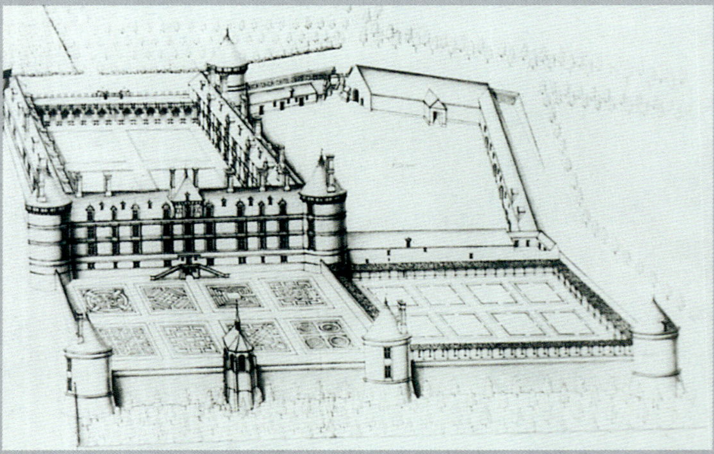

Détail de l'hôtel de Beaune-Semblançay à Tours, lavis de H. Nodet, vers 1890-1900 (Paris, MAP). Maison de ville construite par Guillaume Besnouard, de 1506 à 1518, pour Jacques de Beaune, lequel doit son deuxième nom à son château de Semblançay, près de Tours.

ouverts à l'air et à la lumière, n'ont rien à voir avec les austères forteresses médiévales. À propos des jardins napolitains, Charles VIII écrit en 1494 : « Vous ne pourriez croire les beaulx jardins que j'ay en ceste ville, car sur ma foy il semble qu'il n'y faille que Adam et Ève pour en faire un paradis terrestre… »

Au même moment en France, l'art gothique est à son apogée. En qualité de trésoriers, les financiers veillent aux chantiers royaux ; ainsi en contact avec les artistes, ils ne manquent pas de les recruter pour leur propre compte.

Un château à la mesure d'une ascension sociale

Ces financiers veulent acquérir toutes les prérogatives de la noblesse. Car un titre représente un fief, une terre et surtout un château. À cette possession sont liés des privilèges : le droit de faire justice, d'avoir son sceau, son notaire, son prêtre et son banc à l'église. Il leur faut donc détenir une seigneurie et la faire ériger en châtellenie par le roi. Ils achètent également des parcelles de terre qui produisent des revenus.

Alors que la vieille noblesse se contente d'agrandir ou de restaurer ses demeures, les riches financiers élèvent des châteaux « modernes », témoins de leur réussite sociale ; afin d'attester l'ancienneté des lieux, ils conservent une partie de la forteresse antérieure, une grosse tour, bien souvent, ou l'ancien donjon, comme à Azay, Chenonceaux ou Villandry. Ils dotent leur nouveau château de tourelles d'angle en encorbellement en place d'échauguettes, d'un chemin de ronde, de canonnières, de douves… qui n'ont plus de fonction défensive mais sont purement symboliques,

Portrait de Charles VIII, école française, XVIe siècle (Versailles, musées du château et des Trianons). Charles VIII fait élever vers 1490 la façade sur la Loire du château d'Amboise, ouverte sur l'extérieur et dépourvue de tout caractère militaire.

Château d'Azay-le-Rideau, côté sud, aquarelle de Jean Hardion (Paris, MAP). Les façades conservent un chemin de ronde et des canonnières dans leur soubassement.

Une vie mouvementée

1528-1684

Dame de la Renaissance, bois, XVIIe siècle (collection du château).

Grâce aux fonds recueillis par la « Tour carrée », le roi peut se permettre certaines libéralités. Au mois de juin 1528, François Ier offre à Antoine Raffin, dit Poton, sénéchal d'Agenais, seigneur de Xaintrailles, capitaine des gardes ayant combattu à ses côtés à la bataille de Pavie, ses droits de confiscation et de saisie sur les possessions de Berthelot. Tous ces biens seront vendus. Le château reviendra au capitaine des gardes par décision du roi. Entre 1528 et 1529, le receveur d'Azay, René Claveau, effectue la saisie. Les procédures s'éternisent : Philippe Lesbahy, la femme de Berthelot, se bat pour conserver son château. En 1533, le roi confirme la donation au sénéchal.

Antoine Raffin prend possession du château

Page de droite **Scène de chasse sous un pommier,** détail d'une tapisserie flamande, 1525-1550 (collection du château).

Le 27 août 1537, François Ier cède à Raffin son « droit de chauffage en la forêt de Chinon », toute proche d'Azay. Au mois d'octobre a lieu au château, en présence de Philippe de Bessay, l'épouse de Raffin, la vente « des meubles et effets du sire Berthelot » qui sont restés au château. Plusieurs personnes se rassemblent dans les première et seconde cours pour « voir et acheter lesdits meubles ». Peu d'objets de valeur subsistent, tout juste quelques meubles en marqueterie, aucune tapisserie. Le receveur Claveau n'hésite pas à disposer « à son plaisir » non seulement des denrées périssables telles que vin, lard, blé, fèves, noix, mais encore de la vaisselle d'étain et d'airain, du beau linge de lin, des robes, pourpoints, des ciels de lit, des tapis... Déjà, en 1535, Raffin lui avait intenté un procès pour avoir soustrait à son profit certains biens de Berthelot, dont une tapisserie de grande valeur, qu'il avait revendue au prix de « deux cens escuz

Dressoir en noyer. Les battants sont sculptés de profils en médaillon dans le style de la première Renaissance (chambre du maître de maison).

L'*Histoire de Psyché,* tapisserie bruxelloise, XVIe siècle, détail (chambre du maître de maison).

d'or soleil ». Aussi, lors de cette vente d'octobre 1537, ne reste-t-il plus que des meubles qualifiés de « meschants » ou de « vieils », risquant, en outre, d'être « tout guastez et corrompus » s'ils venaient à être transportés. De nombreux objets sont rachetés par Philippe de Bessay, les livres de Berthelot notamment, autrefois dans l'étude aménagée au-dessus du châtelet d'entrée de la cour d'honneur : ouvrages de droit, de théologie, de grammaire, œuvres d'Aristote.

Près de dix ans plus tard, Raffin s'installe dans son château. À sa mort en 1552, son fils François hérite d'Azay. En 1553, ce dernier épouse Nicole Le Roy de Chavigny, fille de Guyon Le Roy, favori de François Ier. De ce mariage naîtra Antoinette Raffin.

Antoinette Raffin et Marguerite de Valois

Portrait présumé de Marguerite de Valois (la reine Margot), huile sur toile, 1590 (collection du château).

À partir de 1562 commencent les guerres civiles dites « de Religion ». C'est dans ce climat de violence qu'Antoinette Raffin rencontre Guy de Saint-Gelais de Lansac, petit-fils naturel de François Ier. Elle l'épouse en 1571. Antoinette vit auprès de Marguerite de Valois – la reine Margot – en qualité de dame d'honneur. Guy de Lansac, son mari, proche du roi, ambassadeur en Pologne et en Espagne, est un homme d'armes, toujours par monts et par vaux. Chassée de la Cour en 1583, Marguerite de Valois retourne dans le Sud-Ouest, à Nérac, et doit réduire considérablement le nombre de ses dames d'honneur. C'est peut-être alors qu'Antoinette vient résider en son château d'Azay.

Antoinette Raffin est riche. Sa fortune lui vient principalement des biens confisqués non seulement à Azay mais aussi à Mondon et à Avrigny, propriétés du duc de Bourbon données à son grand-père maternel. Le château est largement meublé. Un inventaire dressé en 1629 dénombre soixante-quinze tapisseries, des coffres, bahuts, buffets, fauteuils recouverts de tapisserie, lits de satin brodé… Mais, endetté, Guy de Lansac risque de ruiner sa femme qui obtient une séparation de biens en octobre 1603. Les rapports s'enveniment, comme l'atteste cette plainte adressée par l'épouse au bailliage de Chinon, le 23 avril 1604 : « Ledit Guy de Lansac s'estait emparé dudit chastel d'Azay, demeure principale de ladite dame, assisté de huit à douze capitaines », en a forcé la porte et le pont-levis, fracturé la chambre du trésor, emportant or et maints joyaux pendant l'absence de sa femme.

La visite de Louis XIII

Le fils d'Antoinette, Arthus de Lansac, épouse en 1601 Françoise de Souvré, sœur de Jacques de Souvré, gouverneur du jeune Louis XIII. Le roi est reçu à Azay

Le Chardon, verdure de Tournai, première moitié du XVIe siècle (grande salle). La bordure, à fond rouge, porte l'inscription *SPQR* *(Senatus Populus Que Romanus).*

Portrait de Louis XIII, gravure, 1622 (Paris, BnF, Est.).

à la fin du mois de juin 1619. Il est accueilli au château dans un cadre somptueux, digne d'une femme de goût et d'une familière de la Cour. Jean Héroard, médecin attaché à la personne du roi, relate dans son journal l'arrivée en carrosse du souverain le 27 juin 1619 vers onze heures. Louis XIII passe l'après-midi « sur la rivière d'Indre dans son petit bateau » et s'adonne le soir à la musique. Le lendemain, il chasse en forêt de Chinon puis, après souper, se promène dans les jardins du château.

Françoise de Souvré, marquise de Lansac, Louis XIV et Philippe de France, école française, vers 1643 (Versailles, musées du château et des Trianons). La marquise ne manque pas d'informer Richelieu des plus petits détails de la vie de la reine Anne d'Autriche. En 1643, à la mort de Louis XIII, elle est chassée de la Cour.

Monogrammes enlacés des familles Vassé et Lansac surmontant la porte du passage entre cour et jardins.

La vie à la Cour

À la mort d'Antoinette, Arthus – un fidèle du cardinal de Richelieu – hérite de sa mère. Sa petite-fille Marie Madeleine passe son enfance à la Cour auprès de sa grand-mère, Françoise de Souvré de Lansac – désignée en 1638 par Louis XIII, avec la complicité de Richelieu, gouvernante du dauphin Louis XIV. C'est peut-être là que Marie Madeleine de Lansac rencontre son futur mari Henri François, marquis de Vassé, qu'elle épouse en 1651.

Le chevalier de Vassé

Lit à baldaquin, fin du XVIIe siècle (chambre bleue).

« Vassé estoit si descrié qu'on le surnomma Son Impertinence, et plus il va en avant, plus on trouve qu'il est bien nommé » (Tallemant des Réaux).
Henri François de Vassé, dit « le chevalier », sur le point d'épouser Mlle de Tresmes, choisit finalement Marie Madeleine de Lansac, pourtant « boiteuse ».
Stratégie matrimoniale : Henri François souhaite transmettre à ses héritiers une situation privilégiée auprès des souverains de France – « car renommée vaut mieux

que ceinture dorée » (Paul Scarron, *La Légende de Bourbon*, propos sur Henri François de Vassé).
Une fois marié, Vassé, le libertin, ne renonce pas pour autant à ses nombreuses maîtresses. Tallemant des Réaux lui consacre une « historiette ». Mme de Sévigné, dont il fut amoureux, en parle dans ses célèbres *Lettres*. Bientôt les époux entament des poursuites l'un contre l'autre pour des raisons financières. Ils se séparent en 1665 mais, dix ans plus tard, un projet d'entente aboutit. À partir de 1660, Louis XIV menace d'exil la noblesse trop remuante et indisciplinée. C'est sans doute vers 1669 que l'« estourdy » Henri François, contraint par le roi à se retirer dans la région de Tours, fait d'Azay sa résidence principale.
Homme de cour, cultivé, mondain, il n'entend pas s'enfermer dans un château qui a l'aspect d'une forteresse, donc passé de mode : l'arrêt des comptes de succession de Marie Madeleine de Lansac en 1682 témoigne du souci qu'il a de l'embellir.
Les Vassé mènent grand train. L'inventaire de 1684 fait état d'une appréciable vaisselle d'argent. Bien recevoir, en Touraine, c'est régaler à discrétion. Aussi, rien d'étonnant à ce que le marquis de Vassé estime par trop rares les pièces de service et par trop exigus la cuisine et le garde-manger. Une basse-office, un cabinet et un nouveau garde-manger sont installés au sous-sol, sous la chambre, près de la cuisine. Des alcôves, des lambris viennent agrémenter les pièces des appartements. Henri François décède le 28 avril 1684 au château d'Azay.

Le Festin de Balthazar, par Franck, huile sur toile, XVIIe siècle (petite salle à manger).

Une entrée de prestige

Avenue, demi-lune, grande grille et communs : une mise en scène digne du Grand Siècle.

Le château de Vaux-le-Vicomte construit pour Nicolas Fouquet.

Nicolas Fouquet vient de faire bâtir le château de Vaux-le-Vicomte (1654-1656). Une véritable révolution s'est accomplie dans la conception et la composition de la demeure française désormais entièrement ouverte sur l'extérieur : une longue avenue débouche sur une cour ovale fermée par une grande grille placée dans l'axe du château ; de chaque côté de l'entrée, les communs. Le visiteur parcourt en carrosse l'avenue et, soudain, découvre le château à travers la grille : une mise en scène théâtrale que rappelle celle d'Azay-le-Rideau.

Le château de Versailles au XVIIe siècle, gravure d'Israël Silvestre.

La grande grille du château d'Azay. Les piliers sont animés par des pilastres à bossages. Actuellement surmontés de vasques de fruits sculptées, ils étaient autrefois recouverts d'ardoises.

À Versailles, dès 1661, début de son long règne, le jeune roi Louis XIV décide d'agrandir et d'embellir le pavillon de chasse de son père Louis XIII. La première campagne de travaux porte essentiellement sur les jardins. Du côté de la ville, trois avenues se rejoignent sur une place en hémicycle fermée par une grande grille située dans l'axe du pavillon.

Nul doute qu'Henri François de Vassé, si près de la Cour, ne se soit inspiré des nouveautés de Vaux et de Versailles pour doter son château d'Azay d'une entrée de prestige. À une échelle beaucoup plus modeste, il réalise un projet similaire. L'avenue plantée d'ormes, la demi-lune et la grille se trouvent visuellement dans l'axe de l'escalier. Visuellement seulement, car, depuis le petit pont séparant la cour d'honneur de celle des communs, on s'aperçoit que l'escalier n'est pas parfaitement dans l'axe de l'avenue. Qu'importe, l'effet « baroque » recherché est atteint.

Les communs, construits symétriquement de part et d'autre de la grande grille, accentuent l'axialisation. On ignore le nom de l'architecte, lequel, indubitablement, était au fait des plus belles réalisations du temps, à Paris comme en Île-de-France.

Les communs du château d'Azay : un petit pavillon, un corps de bâtiment et une aile en retour couverts d'une toiture différente.

Un château en sommeil

1684-1791

Emmanuel Armand, petit-fils d'Henri François de Vassé, dut, au cours de sa minorité, résider au château de Vassé près du Mans, en compagnie de sa mère Anne Louise de Crevant d'Humières. En 1686, celle-ci se remarie secrètement, contre le gré de sa famille, avec Louis Charles de Hautefort, marquis de Surville.

Portrait en pied de Jacques Louis de Béringhen, tableau par Pierre Mignard, fin du XVIIe siècle (collection du château).

Une fortune dilapidée

Marié en 1701 à Anne Bénigne Fare Thérèse de Béringhen, fille de Jacques Louis de Béringhen, Emmanuel Armand choisit pour demeure le château d'Azay. Mais la vie de cour est coûteuse et le jeune couple se débat dans des problèmes d'argent qui le mèneront à la ruine. Vassé meurt en 1710, à vingt-sept ans, laissant trois enfants en bas âge, les jumeaux Charles Emmanuel et Jacques Armand (trois ans et demi) et Armand Mathurin (dix-huit mois). L'acte dressé lors de son décès signale que l'aile de la vieille forteresse qui « estoit attachée audit chasteau » s'est écroulée « de pied en cime », écrasant tout le mobilier légué par Henri François.

Armand Mathurin hérite d'Azay. En 1743, il épouse Louise de Courtavel de Pezé dont la famille, comme celle des Vassé, est originaire du Maine. Les finances vont de plus en plus mal. Les Vassé, qui possèdent des terres depuis la Normandie jusqu'au Poitou, comptaient au XVIIe siècle parmi les « grands » les plus fortunés. L'éparpillement de leurs biens les contraint à en confier la gestion à des intendants dont l'honnêteté est le plus souvent douteuse. D'autre part, les petits-enfants d'Henri François ont dilapidé leur fortune.
Tout au long du XVIIIe siècle, Azay subit maints travaux d'entretien, notamment en raison des intempéries. Les glaces de l'hiver 1728-1729 détruisent un pont de bois et la chaussée (façade sud sur l'eau). Les mémoires relatifs aux réparations effectuées entre 1701

Page de droite **Vitrail** « antiquaire » montrant un jeune homme ailé (détail), XVIIe siècle (salon Biencourt).

Le Jeu de billard, gravure de N. Arnoult, XVIIe siècle (Paris, BnF, Est.). Au temps d'Henri François de Vassé, il y avait une salle de billard au château. De tels jeux constituaient la principale distraction de la noblesse à la cour de Louis XIV.

et 1779 témoignent de la présence, au premier étage des tourelles, de chapelles éclairées par des vitraux.

Un château à l'abandon

En 1766, Armand Mathurin de Vassé donne le château d'Azay en indivision à ses deux filles : Adélaïde

Le Jeu d'ombre, gravure de Pierre Jean Mariette, XVIIe siècle (Paris, BnF, Est.).

Euphémie Geneviève et Agathe Mathurine. À cette occasion est dressé un procès-verbal des réparations à entreprendre. Elles concernent principalement les toitures dépourvues d'ardoises, « les pyramides et les ances formant le couronnement [des lucarnes] dont parties sont tombées et d'autres sont usées et menacent ». Les pièces du château nécessitent elles aussi quelques réfections, aux fenêtres, parquets, volets, boiseries, placards muraux... Une partie du carrelage de l'escalier d'honneur est usée et des culs-de-lampe manquent aux pendants du cintre de la voûte. À la suite d'une séparation de biens, le château revient à Adélaïde Euphémie Geneviève, qui épouse Alexis Jean Baptiste Le Mayre de Courtemanche. Leur fils Henri en est le dernier héritier. Le 8 novembre 1787, il met en vente la seigneurie d'Azay-le-Rideau pour des raisons d'ordre financier ; le château est sans doute inhabité : à l'époque, en effet, Henri Le Mayre réside à Courtemanche, près de Sillé-le-Guillaume, à côté du Mans. La Révolution repousse la vente au 29 septembre 1791.

Le parc, vu depuis le château, pour lequel le jardinier achète 460 pieds d'arbres forestiers et douze ifs, le 11 décembre 1726.

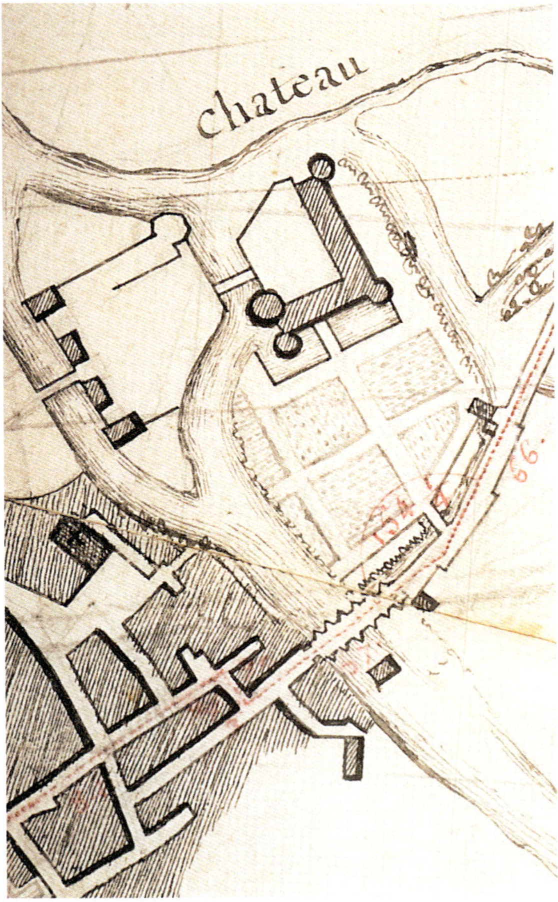

Le château et son parc, état vers 1760-1770, détail d'un plan routier (Tours, Archives départementales d'Indre-et-Loire).

Page de droite
Les fenestrages protégeant l'escalier des courants d'air ont probablement été posés au XVIIe siècle. Ils seront ôtés au XXe siècle (lithographie de Français, 1855. Tours, Archives départementales d'Indre-et-Loire).

De 1791 à nos jours : une nouvelle Renaissance

Portrait de Charles de Biencourt. Il serait à l'origine de l'introduction de la culture de la pomme de terre en Touraine (Paris, BnF, Est.).

Charles de Biencourt

À partir de 1791, et pendant plus d'un siècle, Azay reste aux mains des Biencourt. Le premier du nom est Charles, marquis de Biencourt, lequel, alors, n'a guère le loisir de s'occuper de la restauration de son château : député de la noblesse aux états généraux du 5 mai 1789, il est au cœur de la Révolution. Néanmoins, il s'intéresse de près à son jardin, qu'il désire aménager en parc paysagé. En 1793, la Terreur est instituée, Louis XVI est exécuté. La même année, Charles de Biencourt est arrêté et incarcéré pour son dévouement au roi. Son fils, Armand François, gère le domaine. La chute de Robespierre, le 9 thermidor 1794, ramène Charles à Azay. Il remet de l'ordre dans ses affaires, règle rapidement quelques différends de voisinage à propos de charrettes et de troncs d'arbres qui gênent l'accès à sa demeure. Passionné par les sciences et l'agriculture, et mû, sans doute, par le souci de rentabiliser son domaine, il se charge en priorité de la réparation de ses fermes, négligeant le château – un château en piteux état, dont il se contente de remettre à neuf les huisseries.

Armand François de Biencourt

À la mort de Charles de Biencourt en 1824, le château revient donc à Armand François, marquis de Biencourt. En 1825 s'ouvre un important et long chantier où, comme au temps de Berthelot, se pressent plusieurs corps de métier : maçons, menuisiers, charpentiers, plâtriers, « barbouilleurs », carreleurs… Tout est remis en état : des boiseries aux placards et

Blason des Biencourt (à gauche) **et des Montmorency** (à droite), surmonté de la couronne de marquis des Biencourt.

Le parc des Biencourt

Depuis le XVIIIe siècle, dans toute l'Europe, poètes, philosophes, aristocrates… se sont pris de passion pour les jardins – un engouement venu d'Angleterre, qui redécouvre la nature à travers la peinture. Ainsi naît le «jardin paysager», ou «jardin anglais» : la géométrie fait place à la fantaisie, afin de donner l'illusion du paysage.

Façade ouest sur le parc, dessin aquarellé anonyme, vers 1800 (reproduction au château). Les jardins Renaissance, régulièrement divisés en carrés, étaient plantés de fleurs et d'herbes aromatiques. De chaque côté, on devine de grands arbres dont, à droite, un saule pleureur, très en vogue à la fin du XVIIIe siècle.

Lorsque Charles de Biencourt, à la fin du XVIIIe siècle, hérite d'Azay, les jardins à la française subsistent à l'ouest du château. Dès 1791, il prévoit d'entourer ce dernier d'un parc à l'anglaise – un projet déjà amorcé par ses prédécesseurs. Le site du château, entre deux bras de l'Indre qui serpentent et forment des îlots, s'y prête admirablement.

Pour le choix des plantations, Biencourt sollicite un dénommé Goujon, qui propose : cinq à six cents mûriers, deux à trois cents frênes «tout le long de la rivière», des arbres fruitiers (pommiers, pruniers, poiriers), de la vigne, sept ou huit peupliers de Caroline (arbre originaire d'Amérique introduit en Europe au XVIIIe siècle), mêlés à des peupliers blancs de Hollande «pour faire une variété de feuillage d'automne» («au coin du château»), une charmille, quarante tilleuls «qui formeront une superbe promenade»… et suggère d'abattre plusieurs vieux saules. Charles de Biencourt le charge alors de lui présenter un jardinier de talent.

Cependant, après la Terreur qui l'avait éloigné d'Azay, Biencourt semble s'être consacré de préférence à l'agriculture. Son projet de jardin paysager était probablement en cours de réalisation lorsqu'il mourut en 1824.

Dès le début du XIXe siècle, les salons de peinture se succèdent à Paris. Au Salon de 1824, dix-huit peintres anglais, dont Bonington et Constable, sont présents. Le public parisien s'enflamme pour les paysages anglais.

La mode des chinoiseries, lancée par William Chambers (1723-1796) dans le jardin de Kew (Londres), fait son apparition en France. Dans le désert de Retz (à l'ouest de Paris), créé par le baron de Monville (1734-1797), se dresse une maison chinoise très élaborée.

Outre les grands travaux de restauration et de modernisation du château, Armand François poursuit l'aménagement du parc. En 1825, il arrange en salle de billard et bibliothèque le pavillon chinois construit par son père à l'angle de la façade nord sur cour.

Tout comme le château, qu'il met en valeur, le parc fait aujourd'hui l'objet d'une attention et d'un entretien constants. La végétation évolue en permanence. Trop vieux, certains arbres doivent être éliminés. Le long de l'avenue et autour de la demi-lune, de jeunes chênes rouvres en forme de faisceau, doublés d'une charmille, viennent de remplacer des marronniers d'Inde que leur mauvais état rendait menaçants.

Plan du domaine dressé en 1855 par le régisseur du château (collection du château). Les jardins à la française ont disparu.

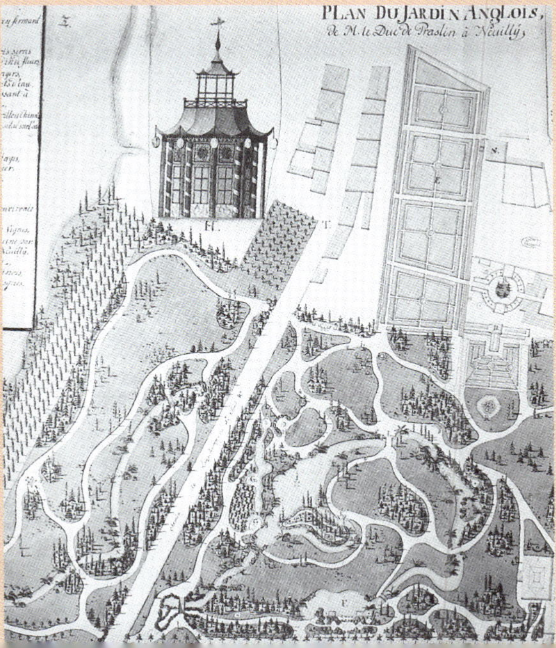

Plan du jardin anglois de M. le duc de Praslin, à Neuilly (folie Saint-James), dessin anonyme (détail), 1790.

La tour de l'ancienne forteresse, vers 1820, couverte d'un toit en dôme dans le style du XVIIIe siècle; lithographie de Langlumé (Paris, BnF, Est.).

fenêtres..., du papier peint est posé, une cheminée de marbre installée dans la chambre du propriétaire (antichambre du roi), des portes sont ouvertes pour faciliter la circulation; la tourelle « troubadour » du comble est en construction... Les restaurations de l'escalier commencent également en 1825, de même que l'élargissement de la terrasse du XVIe siècle et la mise en place du perron à l'est.

Une notice manuscrite rédigée vers 1853 par Armand François de Biencourt stipule qu'il « a rétabli les

Voûte de la quatrième volée de l'escalier d'honneur, avec portraits en médaillon du XVIe siècle, inspirés de l'Antiquité.

Voûte de l'escalier ornée de médaillons, ajoutés au XIXe siècle par les Biencourt, figurant certains des rois et reines de France.

La tourelle «troubadour» édifiée en 1825 traduit le goût de l'époque pour l'architecture gothique.
Le pavillon chinois construit entre 1823 et 1825 servait de salle de billard et de bibliothèque.
C'est ici la plus ancienne photographie d'Azay, due à Gustave Le Gray, 1851.

voûtes et les lucarnes dans le style primitif de la construction, ainsi que tous les ornements du grand escalier dont il a fait sculpter les culs-de-lampe et les médaillons qui ornent la voûte de cet escalier, en y ajoutant la filiation des rois et des reines de France depuis Louis XII jusqu'à Henri IV». Cette même notice signale en outre des «digues et des chaussées qui défendent le nouveau parc des inondations de la rivière». En 1840, Armand François reçoit une subvention des Monuments historiques – Prosper Mérimée en est l'inspecteur depuis 1833 –, qu'il destine sans doute à des travaux au niveau des toitures. En 1845, il remplace la tour de l'ancienne forteresse par une autre nettement plus dans le style du château. C'est donc au XIXe siècle qu'Azay acquiert son véritable aspect Renaissance !

Armand Marie Antoine de Biencourt

Aux alentours de 1856, Armand Marie Antoine, marquis de Biencourt, substitue à la tourelle «troubadour», devenue «anachronique», une tourelle sur cul-de-lampe, semblable aux autres, et qui sert d'escalier. Le pavillon chinois disparaît à la même époque : la salle de billard est transférée à son emplacement actuel et la bibliothèque au rez-de-chaussée de la tourelle sud-est, près du salon. Le château est dorénavant «achevé».

Portrait d'Armand Marie Antoine de Biencourt (collection particulière).

Portrait de Charles Marie Christian de Biencourt (collection particulière).

Charles Marie Christian de Biencourt

Dernier héritier des Biencourt à vivre au château, après la mort de son père en 1862, Charles Marie Christian y demeure en compagnie de sa femme, Élisabeth Fitz-James, qui décède en 1866, à l'âge de vingt-neuf ans. En 1870, la France déclare la guerre à la Prusse. Le château est occupé par les Prussiens, dont le prince Frédéric-Charles, accompagné du kronprinz Frédéric-Guillaume et de leur état-major; on raconte qu'ils auraient échappé à un attentat ayant provoqué la chute du lustre de la salle à manger. Du 2 février au 9 mars 1871, les Biencourt doivent se réfugier dans les communs du château.

En 1882, l'échec d'une grande affaire financière oblige Charles Marie Christian de Biencourt à vendre Azay. Le 28 mars 1899, le château entre en la possession du vicomte et de la vicomtesse de Larocque-Latour. Il change de nouveau de propriétaire en 1903, date à laquelle il est revendu par adjudication à Jean Achille Romain Arteau, notaire à Tours.

Deux des salles du château au début du XXe siècle (cartes postales).

Un navire « resté à quai »

L'État devient propriétaire du château en 1905. La campagne photographique menée à l'époque par le service des Monuments historiques montre l'état de délabrement saisissant des parties hautes : toitures, chemin de ronde et lucarnes. En 1907, on rénove les pièces de l'aile ouest, au rez-de-chaussée et au premier étage, en vue, sans doute, d'aménager rapidement le château en musée. Les restaurations se poursuivent tout au long du XXe siècle.

Aujourd'hui – comme l'exprime non sans lyrisme Philippe de La Genardière dans son ouvrage *Le Château d'Azay ou le Corps perdu* –, « ce navire resté à quai » témoigne de sa grandeur passée.

La façade sud photographiée vers 1923. La terrasse, agrémentée d'arbres en pot, permettait de faire le tour du château.

Double page suivante
Vue aérienne d'Azay avant destruction de la terrasse en 1955.

Visite

Un vaisseau Renaissance

Dans cette période de transition qu'est la première Renaissance, l'aspect d'Azay demeure traditionnel : toits élevés, hautes cheminées, lucarnes, travées verticales de fenêtres, tourelles d'angle et même chemin de ronde extérieur. Mais l'ordonnance des façades ne doit plus rien aux habitudes gothiques : la symétrie et le quadrillage de la façade viennent tout droit d'Italie.

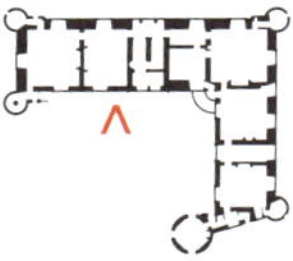

L'extérieur côté cour

Façade nord

Monumentalisée par la façade de l'escalier, elle est, comme toutes les façades du château, quadrillée par des pilastres et des corps de moulures. Les travées de fenêtres les plus proches du grand escalier sont symétriquement espacées. La première travée, la plus à gauche de la façade, est datée de la fin du XVIIe siècle, après que le vieux corps de logis se fut écroulé, et non de l'époque de Gilles Berthelot. On prit pour modèle la travée d'à côté : à la fenêtre du rez-de-chaussée de cette travée « tardive », les moulures de l'ébrasement ont une base unique alors qu'à toutes les autres fenêtres de ce niveau chaque moulure possède sa propre base, les bases uniques n'étant utilisées qu'au premier étage. D'autre part, les chapiteaux des fenêtres sont semblables à ceux de la travée voisine, qui les ont inspirés, tandis que tous les autres sont différents. Enfin, l'appui de fenêtre de la lucarne est moins développé que les autres. Le mur à droite de cette travée XVIIe porte les traces d'un pavillon, élevé vers 1700 sur les restes de l'ancien logis. On remarque aisément une différence de couleur dans les pierres, soulignée par une ligne sombre (qui coupe en partie la dernière lucarne), des traces de boulins et une porte condamnée.

En 1825, après la suppression du pavillon, est posée sur l'angle une tourelle « troubadour ». Elle fut bien remplacée en 1856 par une tourelle en encorbellement pareille aux autres, qui donne au château son aspect « achevé ».

Page de droite **Porte de la façade ouest sur cour,** par laquelle on accédait autrefois aux jardins.

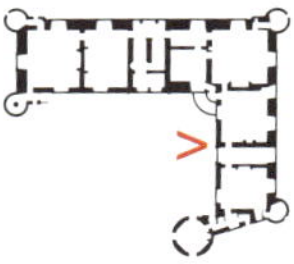

Façade de l'aile en retour

Au XVIe siècle, la porte de cette façade ouvrait sur un passage très haut, entièrement voûté, qui permettait de passer de la cour aux jardins à la française situés de l'autre côté. Ce passage se trouvait au niveau de la cour, tout comme la cuisine, le couloir et la dépense. Ce n'est qu'après une modification des niveaux du sol qu'il fut condamné et converti en pièce.

La grosse tour, à laquelle on accède par un escalier en vis, est venue remplacer, au XIXe siècle, la tour de l'ancienne forteresse. Son décor néo-Renaissance donna alors au château une homogénéité qu'il ne possédait pas auparavant.

Tourelle en encorbellement construite en 1856 en remplacement d'une tourelle « troubadour » édifiée au début du XIXe siècle.

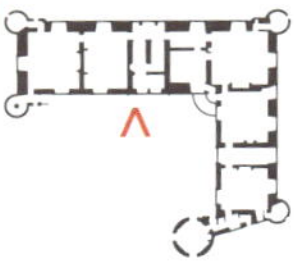

La grande lucarne de l'escalier côté cour.

Façade de l'escalier d'honneur

La grande lucarne de l'escalier côté cour.
À la Renaissance, le fronton pyramidal remplace le gâble gothique.

Cette façade est l'un des plus beaux morceaux d'architecture et de sculpture de la première Renaissance. Située visuellement dans l'axe d'entrée de la grille, elle domine le corps de logis principal. Le décalage des ouvertures, dû aux paliers intermédiaires, détache la façade de l'escalier de celle du corps de logis. Les grandes baies ouvertes, les colonnettes qui longent et isolent l'escalier, les hautes niches à dais sculptés dépourvues de statues, la profusion du décor qui s'accentue vers le haut, et la grande lucarne dans le toit, terminée par un fronton pyramidal, conduisent le regard vers le ciel. Tradition française et innovation venue d'Italie se conjuguent à Azay avec une rare subtilité.

Deux des étages de loggia (détail).
Dans les allèges des grandes baies, la salamandre de François Ier et l'hermine de Claude de France.

Page de droite
Niche latérale de la grande lucarne.
Des pilastres aux chapiteaux finement sculptés supportent l'entablement du fronton qui termine la façade de l'escalier.

L'escalier

De la fonction utilitaire à la fonction ostentatoire

En haut et en bas à droite **Coupe et façade de l'escalier d'Azay,** aquarelles de Jean Hardion, 1904 (Paris, MAP).

Les Français empruntent aux Italiens l'idée « révolutionnaire » de l'escalier droit. Ils attribuent à celui-ci une position privilégiée, transformant ainsi l'entrée d'honneur en un véritable lieu de représentation.

Jusqu'à la fin du XVe siècle, la France ne construisait que des escaliers en vis, le plus souvent hors œuvre, c'est-à-dire logés dans une tour à l'extérieur du bâtiment, collée à la façade. On libérait ainsi tout l'espace intérieur pour l'habitation.

L'entrée principale se faisant directement par l'escalier, l'extérieur de la tour constituait un morceau de choix à livrer au ciseau du sculpteur.

À la même époque, en Italie, l'escalier rampe sur rampe à volées droites parallèles de sens contraire, majestueux, plus aisé à gravir qu'un escalier en vis, séduit les Français. Il apparaît pour la première fois en France vers 1511 au château de Bury, près de Blois.

Si les Italiens, ne lui accordant qu'une position secondaire, logent plus volontiers l'escalier dans un angle, aboutissement d'un parcours complexe, les Français, en revanche, lui conservent sa fonction d'accès direct et principal. L'escalier devient alors un symbole de prestige.

Ci-dessous **Façade sur cour** de l'aile Louis-XII à Blois.

L'escalier de l'aile François-Ier à Blois.
L'escalier en vis hors œuvre (le dernier de ce type dans les grands châteaux), ouvert sur l'extérieur pour voir et être vu, reste fidèle à la tradition gothique française.

Château de Châteaudun.
L'escalier en vis avec paliers est construit dans œuvre (v. 1510-v. 1518).

L'ornementation de la première Renaissance à Azay-le-Rideau

L'ornementation joue un rôle primordial dans l'architecture de la première Renaissance française (1494-1540).

1 Des clefs pendantes ornent l'intersection des caissons. Les arcs diaphragmes qui divisent les voûtes plates de l'escalier n'ont aucune fonction de support (les marches reposent sur le mur). Ils ne sont là que pour créer des surfaces à décorer (escalier).

2 Pilastre agrémenté de motifs circulaires en forme de miroirs bombés et de losanges moulurés (rez-de-chaussée de l'escalier).

3 Le centre du motif circulaire mouluré est orné d'une fleur en forme de rosace (cul-de-lampe d'une tourelle, angle nord-est).

4 «Médaille». Figure à l'antique de profil (façade sur cour de l'aile en retour).

Les champs décoratifs

Si l'architecture de la première Renaissance offre aux sculpteurs des surfaces encore gothiques (niches à dais sculptés), elle leur en apporte aussi de nouvelles: frontons pyramidaux des lucarnes, pilastres, caissons des voûtes, moulures plates des encadrements de portes.

Le décor

Cercle et losange 2, 3, 4, 5, 10

Ces deux motifs, sans doute les plus prisés, sont souvent associés sur les pilastres. Le motif circulaire, isolé du mur par une ou plusieurs moulurations et dans lequel s'inscrit une scène, une figure, un monogramme, une fleur, ou tout autre sujet, est communément appelé «médaille».

Rinceaux 6

Végétaux enroulés en courbes et contre-courbes courant en frises horizontales. On les dit habités lorsqu'ils abritent des personnages, des animaux ou des objets.

Chute d'ornements 7

Elle se compose d'une suite d'objets ou de végétaux qui, répartis symétriquement le long d'un axe vertical, semblent suspendus par un fil accroché à un anneau.

Candélabre 8, 9, 10

Le candélabre, sculpté en bas relief ou en ronde bosse, est formé d'objets et/ou de feuillage disposés symétriquement le long d'un axe vertical; contrairement à la chute d'ornements, il n'est pas suspendu.

Putto 6, 10

Petit personnage à la fois enfant, ange et Cupidon, il se rencontre fréquemment dans les frises de rinceaux, mais aussi en figure libre comme simple décor ou comme support.

Micro-architecture 10

Ornementation apparue aux portails des églises gothiques, la micro-architecture fut reprise à la Renaissance dans l'architecture civile.

Coquille 9

Motif antique, très présent durant le Moyen Âge dans l'architecture religieuse, elle fut redécouverte à la Renaissance.

Deux colonnettes en forme de candélabre, où alternent motifs végétaux et vases, soulignent les niches flanquant les baies du premier étage de la façade de l'escalier.

1

2

3

4

5

6

7

8

9

10

5 «Médaille». Décor héraldique présentant, à gauche, l'écu sculpté aux armes de Gilles Berthelot et, à droite, celui (autrefois peint) de Philippe Lesbahy (cheminée de la cuisine).

6 Frise de rinceaux habités de putti mi-humains, mi-végétaux et d'oiseaux eux aussi hybrides (façade de l'escalier).

7 Chute d'ornements composée de végétaux, de rubans, d'une armure, d'un carquois et d'un casque (façade de l'escalier).

8 Candélabre en bas relief (façade de l'escalier).

9 La coquille figure à Azay au sommet des frontons des lucarnes et dans les niches. Les candélabres en ronde bosse ont remplacé les pinacles gothiques (façade de l'escalier).

10 De chaque côté de la grande lucarne, les niches sont encadrées d'un décor de disques et de candélabres en ronde bosse.

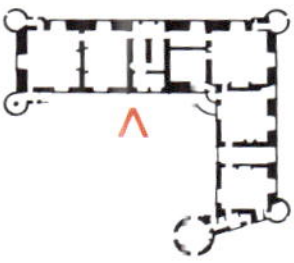

L'intérieur

Escalier d'honneur

Escalier droit, rampe sur rampe, à l'intérieur du bâtiment, il constitue l'accès principal. On entre par deux grandes baies en plein cintre autrefois ouvertes. Leurs vantaux en bois sculpté datent du XIXe siècle et portent les monogrammes des Biencourt et des Montmorency.

Un large vestibule précède les premières marches. Il permettait d'accéder à gauche à un sous-sol, à droite aux pièces de service : dépense et cuisine. Au XVIe siècle, l'escalier se fermait au niveau des premières marches afin que le personnel de cuisine pût circuler sans être vu. Après quelques marches, le palier du rez-de-chaussée surélevé offre au visiteur une vision éblouissante.

À travers les fenêtres, l'eau renvoie la lumière et l'image du château. Le plafond du palier est décoré de caissons ornés des initiales B et P de Berthelot et Philippe. Quelques marches encore, et un palier intermédiaire, entièrement ouvert par des baies en plein cintre, invite à la contemplation. Il suffit de se pencher un peu pour admirer de près le détail de la magnifique sculpture de la façade.
Le plafond à caissons du premier palier de l'escalier est divisé par des arcs entrecroisés (ils sont disposés différemment à chaque palier).
À droite, les caissons de la voûte plate de la volée descendante ont été pourvus au XIXe siècle de portraits des rois et reines de France de Louis XII à Henri IV.

À gauche, la voûte de la volée qui monte vers les combles date du XVIe siècle.
De magnifiques clefs pendantes ornent le centre de chaque arc diaphragme.
Chaque volée de marches est ainsi couverte par des voûtes à caissons plates, inclinées, supportées par des arcs diaphragmes qui reposent sur des culots dont certains sont historiés.
Les intersections de chaque caisson sont enrichies de clefs pendantes ornées de feuillage ou de fruits.
Sur les paliers, les chapiteaux méritent chacun que l'on s'y attarde.

Médaillons de la voûte à caissons de la quatrième volée de l'escalier.

Page de gauche
Vue d'une volée de marches vers un palier d'étage. Les rampes droites, soulignées par une main courante sculptée dans l'épaisseur du mur, aboutissent à des paliers intermédiaires en forme de loggia, éclairés de grandes baies en plein cintre sans fenêtre du côté de la cour et de baies vitrées du côté de l'eau.

Ci-dessous
Entrée de l'escalier d'honneur : deux grandes baies en plein cintre, fermées au XIXe siècle par des vantaux qui portent les initiales d'Armand Marie Antoine de Biencourt et d'Aurélie de Montmorency.

Premier étage

On y accède par l'escalier d'honneur. À gauche se trouvent les appartements réservés au roi, à droite la grande salle et l'appartement du maître de maison.

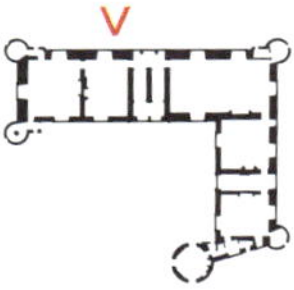

Antichambre du roi

Les murs sont tendus d'un tissu à lambrequins qui reprend le modèle des tentures en velours de Gênes ciselé (XVIIe siècle) de l'ancien lit du château d'Effiat (Puy-de-Dôme).
De nombreux portraits royaux rappellent la destination de la pièce : portrait en pied de Louis XIII provenant de la collection de la duchesse de Berry (à l'origine, ce tableau représentait un autre personnage ; l'analyse a révélé la présence d'un premier visage, non identifié, sous celui de Louis XIII), portraits en pied d'Henri III et de sa femme Louise de Lorraine (provenant tous deux du château de Montataire au nord de la France), petit portrait de François Ier.

Chambre du roi

Un château de distinction comprend au moins une chambre du roi. C'est ici que Louis XIII passa la nuit en 1619. Éclairée par trois fenêtres, la pièce bénéficie d'une vue à la fois sur la cour, le parc et l'eau. En 1825-1826, Armand François de Biencourt remplaça tous les sols en terre cuite du château par des parquets, excepté dans cette chambre où il souhaita garder le parquet du XVIIe siècle qu'avait connu Louis XIII.
C'est aussi au XIXe siècle qu'une porte fut ouverte le long de la façade nord. La chambre était cloisonnée à l'aplomb de la grosse poutre pour que l'on pût circuler sans la traverser (au XVIe siècle, les pièces se commandaient les unes les autres).
La cheminée, très simple, est authentique ; seuls les piédroits sont d'époque récente.
Dans l'angle, la tourelle nord-est servit de chapelle ou de garde-robe selon les époques.
Au mur est suspendue la tenture de *Renaud et Armide*, tissée vers 1635 à Paris d'après un carton de Simon Vouet. Elle montre des scènes d'un poème italien, *La Jérusalem délivrée*, de Torquato Tasso, dit Le Tasse : Armide s'apprêtant à tuer Renaud endormi ; l'enlèvement de Renaud ; les compagnons de Renaud dans les jardins d'Armide.
Noter aussi le petit cabinet en poirier noirci du XIXe siècle, avec intégration de gravures sur ivoire d'après des dessins de Jacques Callot.

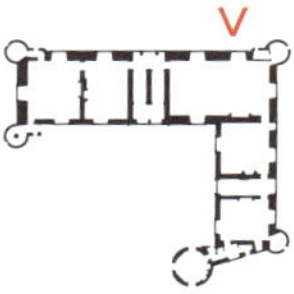

Grande salle

Partie publique du château, cette pièce est habituellement située au premier étage et se distingue des autres pièces par ses dimensions et son plafond, beaucoup plus haut (espace pris sur les combles). Elle communique en général avec les appartements du maître de maison. Le seigneur y recevait pour affaires mais aussi pour le plaisir. Les meubles étaient repoussés le long des murs lors des festins et des bals.
La cheminée est aux proportions de l'espace.
Elle conserve un chapiteau d'origine, délicatement sculpté, dû à l'auteur de la façade de l'escalier. La salamandre peinte en trompe l'œil date des restaurations du XXe siècle.
Une grande corniche de pierre du XVIe siècle, soulignée d'une frise peinte elle aussi en trompe l'œil, supporte les grosses poutres décorées de caissons plats et de moulures semblables à celles de la corniche.
Au XVIe siècle, de grandes tapisseries réchauffaient les murs. De nouvelles tapisseries les ont remplacées. *Les Trois Parques,* chef-d'œuvre d'un atelier bruxellois, datent des années 1500-1504 : Clotho, Lachésis et Atropos y déroulent et coupent le fil de la vie. *Le Chardon,* verdure de la première moitié du XVIe siècle, fut tissée à Tournai (nord de la France) : la végétation entourée d'animaux fantastiques est encadrée d'une bordure à fond rouge où se lit *SPQR* (*Senatus Populus Que Romanus :* le Sénat et le peuple romains).
Les fenêtres et leurs volets ont été restaurés sur le modèle de ceux du château de la Roche-du-Maine, avec incrustations de noyer.
La porte de la tourelle (qui servit de chapelle au XVIIe siècle) date du XVIe siècle.

Chambre bleue

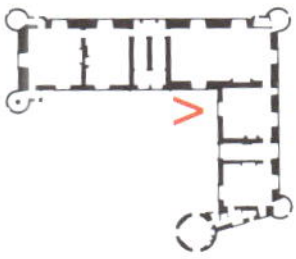

Attenante à la grande salle, cette pièce servait, au XVIe siècle, d'antichambre aux appartements du maître de maison, desservis par l'escalier en vis situé près de la grosse tour.
Au-dessus de la cheminée se dresse le portrait en pied de Louis XIV. Les tapisseries datent du règne du monarque. Sans doute tissées dans les ateliers de Lille, elles montrent l'une le château de Vincennes, l'autre le château de Versailles, dans le lointain de vastes paysages. Leurs bordures imitent un cadre en bois sculpté. Deux tapisseries, sorties de l'atelier de la manufacture royale de Beauvais vers 1700, évoquent les plaisirs de la chasse.

Passage

Dans l'étroit passage, remarquer le *vargueños,* cabinet espagnol daté de 1550, en noyer, fer et os. Les motifs décoratifs restent abstraits pour satisfaire aux enseignements du Coran.

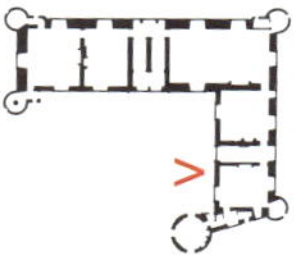

Chambre du maître de maison

La chambre du seigneur et celle de sa femme étaient généralement superposées et communiquaient par un escalier. Le maître de maison avait vue à la fois sur la cour, les jardins et la basse-cour. Les dispositions sont celles d'une chambre du XVIe siècle. La cheminée remonte à cette époque; la sculpture de ses chapiteaux est cependant moins fine que celle de la cheminée de la grande salle. Les fenêtres, restaurées, sont munies de claires-voies. Au mur sont accrochées des tapisseries bruxelloises du XVIe siècle ayant pour thème Psyché. Noter aussi le buffet en noyer dont les panneaux, datés du XVIIe siècle, évoquent l'histoire de Samson.

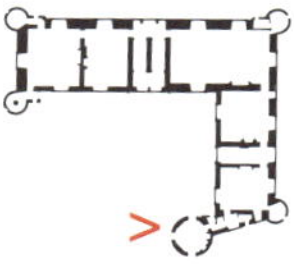

Escalier en vis

Au plafond du palier d'accès à l'escalier en vis, les caissons portent les initiales de Gilles Berthelot et de sa femme Philippe Lesbahy. La porte, ornée d'un décor de plis de serviette, est du XVIe siècle. C'est dans cette partie que sont situées les latrines. Ce petit escalier permettait aux maîtres de maison d'être totalement indépendants. Le seigneur pouvait entrer et sortir de ses appartements sans passer par la pièce publique.

Rez-de-chaussée

Bibliothèque

Au XIXe siècle, les Biencourt gardaient ici un très grand nombre d'ouvrages. Les murs conservent les lambris et la toile peinte de motifs végétaux posés en 1825-1826 par Armand François de Biencourt. La cheminée date de la même époque. Au mur figure le plan du domaine dressé en 1855 par le régisseur du château. Le cabinet en noyer est daté de 1580. Les sculptures en haut relief des vantaux illustrent la Paix, l'Abondance, la Discorde et la Guerre. Dans les niches (de part et d'autre des vantaux), d'autres sculptures (femmes portant des instruments de musique) représentent les arts libéraux.

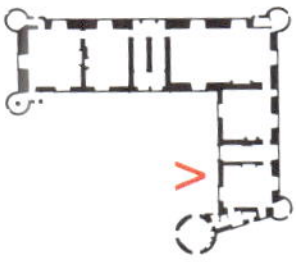

Ancien passage entre la cour et les jardins

À l'origine de plain-pied avec la cour, il reliait celle-ci aux jardins Renaissance par une passerelle en bois enjambant le fossé creusé le long de la façade ouest. Son niveau fut remonté au XIXe siècle, en même temps que celui de la cuisine, et les portes remplacées par des fenêtres. Les voûtes d'ogives retombent sur des culots figurés. Sur l'un des voûtains, on remarque les initiales de Gilles Berthelot, finement sculptées.

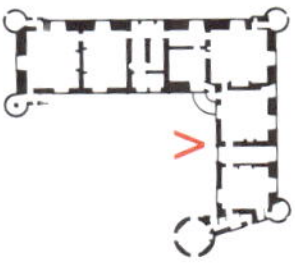

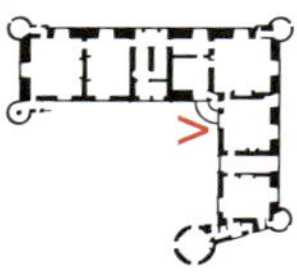

Petite salle à manger

Elle a remplacé, au XIXe siècle, une ancienne chambre. On remarque la diminution progressive du mur de refend, près de la fenêtre, destinée à éviter d'obstruer en partie cette fenêtre (maladresse entre l'ordonnance de la façade et la distribution intérieure). La vaisselle conservée ici est marquée aux armes des Biencourt. Noter aussi la grande toile intitulée *Le Festin de Balthazar* (XVIIe siècle).

Vaisselle aux armes des Biencourt ayant échappé à l'édit de 1791 qui ordonnait aux propriétaires de supprimer toutes les armoiries.

Culot sculpté, à la retombée de la voûte d'ogives de la dépense, qui évoque la fonction de garde-manger de la pièce.

Cuisine

L'ensemble cuisine, couloir et dépense était, à l'origine, au niveau de la cour. On y pénétrait directement par une des portes jumelées dans l'angle ou depuis le rez-de-chaussée de l'escalier d'honneur.
Lorsque la cuisine se trouvait au niveau de la cour, il était impossible pour le personnel de voir et d'être vu par les fenêtres. Elle est couverte d'une voûte d'ogives surbaissée (restituée au XXe siècle par les Monuments historiques), ornée de culots sculptés à la retombée des arcs.
La cheminée, engagée de moitié, est surmontée d'une petite hotte en retrait, aux blasons de Gilles Berthelot et de Philippe Lesbahy. Autour de cette cheminée et du puits commun à la cuisine et à la dépense, le niveau d'origine du sol a été dégagé.
Un couloir voûté conduit à la dépense et au grand escalier.

Dépense

La dépense servait d'office. On y stockait la nourriture, le linge et divers objets domestiques. Noter les détails des culots sculptés, tel ce putto aux cuillères.

Salle de billard

Il existait déjà une salle de billard à l'époque où Henri François de Vassé était propriétaire du château, les jeux étant la principale distraction de la noblesse à la cour de Louis XIV. Mais l'actuelle salle de billard, qui correspond à l'ancienne salle des gardes, ne reçut sa nouvelle affectation qu'au cours du XIXe siècle.

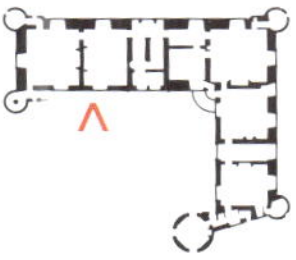

Salon Biencourt

Ce salon se trouve à l'emplacement choisi par les Biencourt. Un perron et une terrasse permettaient de profiter de l'eau et du parc. La pièce a été restaurée (d'après une photographie de l'époque) dans l'état de la fin du XIXe siècle, au temps du dernier des Biencourt. La grande cheminée porte la date de 1856 et les initiales du célèbre peintre, décorateur et graveur Edmond Lechevallier-Chevignard (1825-1902), professeur à l'École des arts décoratifs de Paris. Le salon abrite une *Dame au bain,* copie d'un tableau de François Clouet (vers 1571, original à la National Gallery de Washington) qui serait un portrait satirique de Marie Stuart. À voir aussi, la toile attribuée à un maître vénitien, *L'Entrée d'Henri III à Venise lors de son retour de Pologne* (vers 1592) et *L'Entrevue du Camp du Drap d'or,* copie du XVIe siècle d'un tableau conservé à Hampton Court (Angleterre).

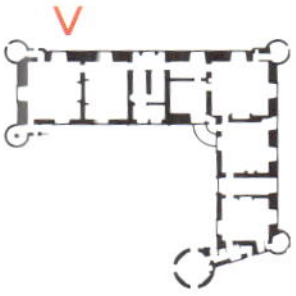

Les fenêtres, restaurées d'après des vestiges de menuiseries du XVIe siècle conservés dans d'autres châteaux de la région, ont retrouvé leurs vitraux.

Grande lucarne de l'escalier d'honneur percée de trois baies séparées par des pilastres.

L'extérieur côté parc

Les façades extérieures comportent des mâchicoulis couverts sur consoles formant un chemin de ronde.
Les créneaux ont été remplacés par des ouvertures rectangulaires qui servent de fenêtres dont certaines sont murées.
Entre chaque ouverture se trouve une archère-canonnière.
Le chemin de ronde est purement symbolique.
D'une part, il a été construit à une époque où l'artillerie avait évolué ; d'autre part, il est tellement encombré par les énormes massifs de maçonnerie contrebalançant le poids des lucarnes qu'il est très difficile et complexe de s'y déplacer avec rapidité.
Les lucarnes n'éclairent qu'en partie le chemin de ronde car, à l'intérieur du comble, celui-ci est fermé par des portes empêchant la lumière de passer.
Les parties basses des façades est et sud sont percées de canonnières ; seules celles du sud sont visibles.

Double page précédente **Le salon Biencourt** restauré d'après une photographie d'Augustin Boutique, 1897.

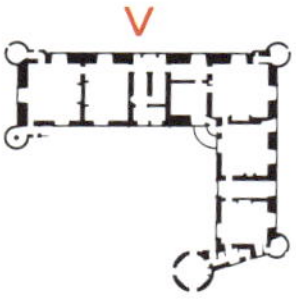

Façade sud

Les croisées et les lucarnes sont régulièrement espacées deux à deux, de chaque côté des fenêtres à triple baie et de la grande lucarne de l'escalier, également à trois baies.
Deux tourelles encadrent cette façade d'où se dégage une harmonie sereine et qui constitue assurément la plus parfaite réussite de l'architecte.
La tourelle sud-est communique avec le salon.
Après avoir été au cours des siècles, comme les autres tourelles d'origine, garde-robe et cabinet (au rez-de-chaussée) et oratoire privé (au premier étage), elle devint bibliothèque en 1899.

Porte de l'ancien passage entre la cour et les jardins. On distingue encore les vestiges du pont dans sa partie basse.

La tourelle nord-est, timbrée aux armes des Biencourt.

Façade ouest

Elle donnait anciennement sur un jardin à la française, séparé du château par un fossé alimenté artificiellement par les deux bras de l'Indre. La porte qui ouvrait en vis-à-vis de celle de la cour ne permettait pas cette fois à l'architecte de souligner le centre de la façade. Il a donc choisi de la diviser en cinq travées régulières. Pour parvenir à ce résultat, il dut placer l'avant-dernière travée, vers le nord, à peu près dans l'axe du mur de refend. C'est pour cette raison que la fenêtre du premier étage est à demi obstruée.

Façade est

La tourelle nord-est de cette façade date de la seconde moitié du XIXe siècle. En 1856, elle a remplacé, pour donner un aspect achevé à l'angle, la tourelle « troubadour » édifiée au début du XIXe siècle. Elle contient un escalier en vis suspendu avec une rampe d'appui portant une main courante en bois, qui dessert les étages et permet de sortir du château directement dans la cour et de visiter le parc.

Parc

Le parc actuel est moins étendu qu'au siècle dernier. Néanmoins, dans un paysage où se mêlent l'eau et la lumière, il offre une magnifique promenade ombragée tout autour du château, sur les pas des Biencourt et de leurs nombreux visiteurs de marque, tels le chanoine Bourassé (historien de la Touraine), Gustave Planche (critique littéraire), François Coppée (écrivain romantique)… qui ont laissé leur signature dans un registre des visiteurs entre 1855 et 1879. Le parc est planté d'espèces variées parmi lesquelles le platane, le cèdre du Liban, le cyprès chauve, le séquoia, le févier et le ginkgo biloba (arbre aux cent écus).

Double page suivante
Le château d'Azay-le-Rideau, « ung des mieulx élaborez chasteaulx de la mignonne Touraine, […] se baigne tousiours en l'Indre comme une galloise princière, bien attifé de ses pavillons et croisées à dentelles... » (Honoré de Balzac, « Comment feut basty le chasteau d'Azay », *Les Contes drolatiques,* 1832-1837).

Orientation bibliographique

Delalande (Marie-Louise), « Les marquis de Vassé, seigneurs d'Azay-le-Rideau au siècle de Louis XIV », mémoire de maîtrise, université de Tours, 1983.

Guillaume (Jean), « Azay-le-Rideau et l'architecture française de la Renaissance», *Les Monuments historiques de France,* 1976, n° 5, p. 65-80.

Lagoutte (Claudine), *Azay-le-Rideau,* Rennes, Ouest-France/CNMHS, 1988.

Lamirault-Sorin (Sophie), « Les mâchicoulis entre 1450 et 1550 », mémoire de DEA, Tours, CESR, 1998.

La Roncière (Florence de), *Les Tapisseries d'Azay-le-Rideau,* Boulogne, Éditions du Castelet, s. d.

Latour (Marie), « Essai de restitution du château d'Azay-le-Rideau au XVIe siècle », mémoire de maîtrise, Tours, CESR, 1991.

Id., « L'angle d'Azay», *Bulletin monumental,* t. 151-IV, 1993, p. 604-615.

Le Guillou (Jean-Claude), *Azay-le-Rideau entre Renaissance et Romantisme,* Paris, CNMHS/CNRS, 1995.

Leveel (Pierre), « Les Biencourt d'Azay», *Bulletin de la Société archéologique de Touraine,* t. 37, 1974, p. 1-23.

Thomas (Évelyne), « Le système ornemental de la première Renaissance française », thèse de doctorat, Tours, CESR, 1998.

Légendes

Couverture
1re : façade côté sud.
4e : détail de la tapisserie de la manufacture de Beauvais.
1er rabat extérieur : initiales des familles Vassé et Lansac.
2e rabat extérieur : vue de l'escalier d'honneur.
Les propriétaires
p. 4-5, fond : papier peint de la bibliothèque.
Visite
p. 36 : vue du plafond du premier palier de l'escalier.
Chronologie
De gauche à droite et de haut en bas :
• La vie politique : Charles VIII (G. Blot/RMN); François Ier, Louis XIII et Louis XIV (P. Muller/CMN).
• L'architecture : Blois, façade sur cour (J.-J. Hautefeuille/CMN); Vaux-le-Vicomte (J. Guillaume/CESR).
• Le château : les communs (É. Revault/CMN); façade nord sur cour (B. Aclocque/CMN); façade sud (P. Muller/CMN).

BnF, Est. : Bibliothèque nationale de France, département des Estampes et de la Photographie, Paris.
CESR : Centre d'études supérieures de la Renaissance, Tours.
CMN : Centre des monuments nationaux, Paris.
MAP : Médiathèque de l'architecture et du patrimoine, Paris.

Crédits photographiques

Archives départementales d'Indre-et-Loire, Tours : 10, 25b, 27. BnF : 5, 18h, 24, 26, 33. CESR : 12, 21m. CMN/B. Aclocque : 21b, 30d, 36, 38, 40b, 41, 44, 45, 46, 47, 51, 52m, 60h ; P. Berthé : 2e de couv., 45, 48hg ; J.-M. Charles : 1m ; J. Feuillie : 30g, 61 ; P. Lemaître : 43b ; P. Muller : couv., 1er rabat intérieur, 1h, 1b, 2, 7, 8, 9, 11d, 14, 15, 16, 18b, 19, 20, 22, 23, 25h, 26b, 28, 37, 38b, 39, 40h, 45, 46, 47, 48m, 49, 50, 51, 52, 53, 54, 55, 56, 57, 58, 59, 60 ; É. Revault : 43h ; C. Rose : 4e de couv., 17, 21m, 29h, 51m ; S. Stanojevic : 61, 62-63. Collection du château : 34, 35. Collection particulière : 5, 31b, 32. DR : 34-35. J. Guillaume/CESR : 21h. Lauros-Giraudon : 11b. MAP, Archives photographiques/CMN : 13h, 13b, 29b, 30, 31, 42. Musée de la Chartreuse, Douai/ A. Boutique : 57b. RMN : 4, 6 ; G. Blot : 4, 18m, 13m ; F. Raux : 11g.

Remerciements

Jean Guillaume, professeur à la Sorbonne et au CESR. Claudine Lagoutte, administratrice du château d'Azay-le-Rideau, et Geneviève Schamelhout, responsable du service de documentation, ainsi que l'ensemble du personnel. Sophie Sorin, Évelyne Thomas, le CESR. M. de Mauléon, Joël Falaise, Alain Legros. Mickaël Robert et Sébastien Busson.

Responsable de la collection
Alix Sallé
Coordination éditoriale
Clarisse Deniau
Cécile Niesseron-Brenot
Iconographie
Cécile Niesseron-Brenot
Correction
Florence Leroy
Infographie
Jean-Philippe Guillerme
Suivi de fabrication
Carine Merse
Conception graphique
Atalante/Paris
Réalisation graphique
Jean-François Gautier
Photogravure
Quattro/Cuincy
Impression
Néo-Typo/Besançon

Dépôt légal : novembre 2000
Réimpression : avril 2003